AF268022

8 R 9646

# CONGRÈS MONDIAL
## DES ASSOCIATIONS INTERNATIONALES ET QUINZAINE INTERNATIONALE

### Bruxelles — 5-20 septembre 1920

---

# DOCUMENTS PRÉLIMINAIRES

---

# I. — Lettre d'invitation.

MESSIEURS,

Nous avons l'honneur de vous inviter à vous faire représenter à la troisième session du Congrès Mondial des Associations Internationales qui s'ouvrira le 5 septembre prochain au siège de l'Union à Bruxelles.

Ce Congrès est exclusivement réservé aux délégués des Associations Internationales et à ceux de groupes nationaux dont l'objet est l'étude et l'action dans le domaine international. Des invitations seront adressées à titre individuel et consultatif à des personnalités que leurs travaux et leur compétence désignent pour traiter des points spéciaux de l'ordre du jour. Le patronage des divers gouvernements a été sollicité.

Vous trouverez ci-joint le programme du Congrès; un préambule définit l'esprit dans lequel il est appelé à délibérer. Ainsi que les autres documents vous l'indiquent, le Congrès inaugurera une *Quinzaine Internationale* qui, outre diverses réunions internationales, comprendra une Exposition de la Vie Internationale et une session d'été de l'Université Internationale dont il importe que la fondation coïncide avec la naissance de l'ère nouvelle qui s'ouvre devant l'humanité. Congrès, Exposition et Université intéressent également toutes les Associations Internationales. Les graves problèmes qui feront l'objet des délibérations et des cours engageront, nous en sommes convaincus, les Associations Internationales à coopérer activement à la réunion projetée dont on peut attendre les meilleurs résultats.

Il sera donné des soins tout spéciaux aux travaux préparatoires. Imprimés et distribués en temps utile, ils permettront d'assurer aux débats une ampleur et une précision hautement souhaitables. Nous vous prions de collaborer sans retard à ce labeur préliminaire sous la forme d'un rapport dont la première partie devra contenir les observations et les conclusions relatives à chacun des points mis à l'ordre du jour du Congrès, et dont la deuxième partie sera consacrée à l'état actuel des études et des activités dans le domaine qui est propre à chaque Association Internationale. Un questionnaire, joint à la présente invitation, en facilitera l'établissement.

Un rapport général, préparé par notre Office Central, résumera et coordonnera les données recueillies. C'est la méthode qui fut appliquée du reste avec un plein succès lors des réunions antérieures du Congrès Mondial.

Mais cette fois, plus nettement et plus impérieusement, la nécessité apparaît d'obtenir un accord de principe sur l'orientation et les grandes directives à donner à la vie internationale en ses divers domaines et en connexion étroite avec l'œuvre qu'est appelée à accomplir la Société des Nations. Une coordination et une organisation, supérieures à tout ce qui a été réalisé jusqu'à ce jour, doivent être établies en fonction des buts généraux que l'humanité a pour strict devoir de poursuivre.

Il appartient à chaque Association Internationale de situer son action dans le vaste ensemble des activités et des efforts qu'il importe de susciter et de diriger. Par le fait que le Congrès Mondial groupera tous ceux qui envisagent les problèmes à résoudre sous leur aspect international, il sera possible de dégager un vaste plan de collaboration mondiale, tant au point de vue du progrès intellectuel qu'au point de vue du progrès technique et social. C'est à une revision, à un élargissement, à une harmonisation plus complète des programmes tracés avant la grande guerre, qu'il faudra surtout s'employer et employer les heures de délibération en commun que le Congrès Mondial offrira aux délégués des Associations Internationales.

Nous serions heureux d'entrer dès ce jour en relation avec vous par correspondance afin de mieux préparer ensemble le Congrès et la Quinzaine.

Nous vous prions d'agréer, Messieurs, l'assurance de notre considération la plus distinguée.

*L'Union des Associations Int. rnationales.*
L'OFFICE CENTRAL.

# II. — Congrès Mondial des Associations Internationales.

## SESSION DE 1920.

Un monde nouveau est né. La commotion de la guerre a bouleversé les idées et la vie jusqu'aux confins du globe. Et s'il en est ainsi c'est que, depuis longtemps déjà, une solidarité étroite unit les hommes aux hommes : le développement et la rapidité croissante des moyens de communication, la nécessité pour l'industrie de produire pour un marché devenu mondial, l'application des sciences et des techniques à des besoins de plus en plus universalisés, la diffusion des connaissances dans des couches sociales de plus en plus étendues, la similitude des intérêts de groupements appartenant aux nationalités les plus diverses, tels ont été les facteurs de la situation ainsi créée.

Il en est résulté cette conviction, qui se fait plus nette chaque jour dans l'esprit de tous, qu'il ne s'agit pas de reconstruire le monde sur le modèle de ce qui existait avant la grande catastrophe. Et la Société des Nations a vu le jour. Elle est le symbole du renouveau vers lequel vont toutes les aspirations humaines.

Aussi importe-t-il que la Société des Nations ne soit pas seulement un organe d'exécution et de sanction du droit international, une institution d'ordre législatif et judiciaire; il faut qu'elle soit encore une œuvre d'ordre économique et intellectuel; il faut pour la réaliser non seulement des légistes et des diplomates, mais des hommes d'action et des hommes de pensée. Et à cette collaboration, poussés par un instinct presque prophétique, ceux-ci se sont consacrés déjà, dès le jour où ils se sont fédérés en Associations Internationales.

Les Associations Internationales sont en effet le résultat du groupement spontané et libre d'activités individuelles et corporatives s'unissant par delà les frontières. Ce mouvement, commencé il y a soixante-dix ans à peine, s'est développé avec une ampleur vraiment impressionnante, puisqu'à l'heure où la grande guerre a éclaté le nombre des Associations Internationales s'élevait à plus de 400. Il n'est pas de domaine où elles n'aient exercé leur action. Formées presque toutes sur une base fédérative, il leur est apparu bientôt qu'elles devaient unir leurs forces en une confédération plus haute, synthèse et représentation des intérêts universels de l'humanité. Et c'est ainsi que fut créée l'Union des Associations Internationales.

N'est-on pas en droit d'affirmer que cette création a été un acte de vaste portée dont la fondation de la Société des Nations est la justification et la consécration? Et n'est-il pas apparent qu'à la consolidation, à l'épanouissement, au perfectionnement de la Société des Nations, les Associations Internationales ont à donner désormais le meilleur de leurs efforts?

Au sujet de cette tâche, il est indispensable que les Associations Internationales puissent délibérer à bref délai. Elles sont conviées à cet effet à se réunir en un Congrès Mondial au cours de 1920. Le programme en est reproduit plus loin.

Le premier objet du Congrès est de déterminer le rôle des Associations Internationales dans l'ordre nouveau établi par la Société des Nations. Ce rôle est principalement un rôle d'étude, de préparation, de coordination, de documentation. En effet l'exécution des mesures élaborées à leur intervention exige des moyens et des ressources considérables dont ne peuvent disposer que des Bureaux Internationaux officiels, organes d'une administration mondiale dont le Pacte de Paris, en son article 24, prévoit la réalisation. Mais à cette gestion des intérêts communs à tous les peuples, les Associations Internationales devront être associées intimement par une participation élective, représentative, consultative.

Leur fonction essentielle demeure une fonction toute intellectuelle et, à ce titre, il importe, pour le progrès général du monde, qu'elle soit solennellement reconnue. Elles ont, dans chaque domaine de l'activité humaine, à prendre conscience des nécessités prochaines; à fixer les conditions de réalisation des réformes sollicitées; à provoquer et à diriger les études et les recherches indispensables; à éclairer l'opinion publique et à obtenir sa collaboration par des propagandes systématisées; à constituer l'avant-garde tenace, convaincue et hardie dans la marche évolutive de l'humanité vers un mieux être généralisé.

Le deuxième objet du Congrès est de préciser et d'élargir le rôle de l'Union des Associations Internationales. Avec l'armature organique de ses sections, de ses commissions, offices et instituts permanents, l'Union aura pour devoir de lier plus indissolublement que jamais les activités éparses des groupements affiliés. Et le Congrès Mondial, dont il importe que les sessions soient désormais plus régulières et plus fréquentes, doit tendre à devenir la plus haute manifestation de l'Intellectualité mise au service de la renaissance mondiale et d'une vie collective économique, scientifique, artistique, morale et sociale, enveloppant de son réseau intensifié la terre entière. L'Union devra donc développer considérablement l'ensemble de ses institutions centrales et créer des centres de diffusion régionale et continentale qui lui donnent, ainsi qu'à chacune des Associations Internationales qui la composent, leur maximum d'efficacité, de rendement et d'influence. Avec elles il lui faudra, à la fois orienter les masses humaines vers une participation plus journalière et plus effective à la réalisation d'une civilisation aux possibilités indéfinies, et mettre à la disposition de ceux qui auront la lourde mission de présider aux destinées de la Société des Nations, des services et des compétences de valeur indiscutée.

Le troisième objet du Congrès est de chercher à totaliser toutes les améliorations, toutes les transformations, tous les perfectionnements préconisés en un vaste programme de réalisations immédiates offertes au monde martyrisé comme une réparation des indicibles souffrances endurées, comme une compensation et comme un réconfort. Un programme qui soit la somme de tout l'espoir humain!

L'heure a sonné d'une mobilisation de toutes les énergies qui tendent à l'appropriation systématique des forces matérielles, morales et intellectuelles du monde. L'Union des Associations Internationales peut contribuer largement à faciliter une telle mobilisation et à constituer, en un front unique, toutes les activités avides de collaborer à la construction du monde nouveau.

A ce labeur exaltant appel est fait, à tout homme de bonne volonté, de venir prendre part.


## PROGRAMME

A. — *Discussions générales.*

Les discussions seront introduites par des rapports généraux, basés eux-mêmes sur les conclusions contenues dans les rapports des diverses Associations.

1. — La situation créée par la guerre et le Traité de Paix. Vue d'ensemble sur les grandes tâches du moment présent et de l'avenir.

2. — La Société des Nations : comment les Associations internationales ont à s'adapter au cadre nouveau créé par elle ; quelles doivent être leurs relations avec les Bureaux internationaux officiels et avec les États.

3. — Le Centre international : son organisation, son outillage, les institutions qui doivent le constituer.
Les Offices des Associations Internationales. Les Laboratoires internationaux. La Documentation Universelle et les Collections internationales. L'Université internationale. La Cité internationale.

4. — L'Union des Associations internationales et les Associations internationales :

*a)* Comment développer le programme et la constitution de l'Union ;

*b)* Comment développer chacune des Associations internationales. Composition et organisation de ces associations (associations nouvelles, réorganisations et fusions des anciennes) ;

*c)* Comment établir des relations permanentes entre les divers groupes de connaissances et les diverses branches d'activité (Fédération ou Union des Associations internationales d'une même branche) ;

*d)* Comment développer la Collaboration scientifique et les Méthodes de travail intellectuel ;

*e)* Comment établir et développer de grands systèmes généraux pour les sciences et l'action (unification et standardisation, langage et expression, législation et réglementation, documentation).


B. — *Enquête et Rapports.*

1. — Rapport général sur l'activité de l'Union depuis le dernier congrès et sur la situation actuelle.

2. — Rapports des Associations Internationales sur leur situation. Le rapport de chaque Association contiendra deux parties :

*a)* Conclusions concernant les divers points à discuter par le Congrès ; en particulier, indication des points sur lesquels devrait

porter l'organisation internationale dans le domaine propre
à l'Association (programmes, organes d'exécution et coopération entre ces organes).

*b)* Situation de l'Association, activité depuis le dernier congrès;
projets, desiderata.

3. — Rapports des Conseils nationaux formés par l'Union pour
coordonner, dans les divers pays, l'action en faveur de l'organisation internationale.

4. — Rapport sur la Société des Nations.

# III. — Quinzaine Internationale.

## PROGRAMME

### I. — Session du Congrès Mondial.

Réunion des délégués des Associations Internationales (deux cent et trente Associations ont été représentées à la session de 1913). Les travaux du Congrès porteront sur les moyens d'adapter les Associations aux besoins de la reconstitution mondiale et de mettre leur activité au service de la Société des Nations.

### II. — Sessions de Comités et Congrès Internationaux divers.

Un grand nombre d'organismes projettent des réunions à Bruxelles en 1920. Il leur est demandé de les fixer en septembre. Les autres associations sont invitées à organiser des réunions pendant la quinzaine internationale (congrès, conférences ou simples séances de commissions ou de comités).

### III. — Haut Enseignement International.
#### (Université Internationale.)

Une Université Internationale est en formation et sera réalisée progressivement. Dès cette année, en une première session d'été, sera organisé un ensemble de cours, conférences et démonstrations didactiques se rattachant à un haut enseignement international. Appel sera adressé à des maîtres et à des étudiants de pays alliés et amis.

Des exposés publics seront faits par les membres des Congrès réunis pendant la quinzaine. Des chaires nationales seront consacrées à l'étude systématique des pays divers, créées à l'initiative des gouvernements.

### IV. — Exposition de la Vie Internationale.

Démonstration de l'état, des tendances et des besoins de la vie internationale. Les collections actuelles du Musée international, renouvelées et mises à jour, formeront la base de cette Exposition. Les objets présentés aux divers Congrès de la quinzaine y seront exposés.

### V. — Centre de relations sociales.

Des mesures diverses tendront à créer une vie sociale pendant les journées de la quinzaine et à faciliter ainsi des initiatives et des concours. Les manifestations de la Quinzaine internationale auront leur siège principal dans le nouvel édifice mis à la disposition de l'Union par le Gouvernement belge (Palais international, au Parc du Cinquantenaire). L'Union y aura transféré à ce moment l'ensemble de ses collections et services. Les services communs des Congrès y seront installés. Des expositions d'art, des concerts et des représentations théâtrales, inspirés d'un programme international et se rattachant à celui de la Quinzaine, auront lieu à ce moment à Bruxelles. Les réceptions, visites, excursions aux Cités détruites de la Belgique et aux Centres de reconstruction, feront l'objet de dispositions d'ensemble dont bénéficieront tous les participants.

La Quinzaine Internationale, en fixant un lieu et un temps pour les rencontres devenues de plus en plus nécessaires, sera, à l'égard des relations intellectuelles, ce que sont devenues les Foires récentes pour les relations économiques. Elle pourra être fréquentée par les nationaux appartenant à tous les Etats appelés à faire partie de la Société des Nations.

# IV. — Enquête-Questionnaire.

N. B. — *Les Associations Internationales sont invitées à contribuer chacune à l'enquête préliminaire au Congrès mondial par l'envoi d'un rapport. Ce rapport devrait comprendre deux parties :*

a) *Conclusions concernant les divers points à discuter par le Congrès ; en particulier indication des points sur lesquels devrait porter l'organisation internationale dans le domaine propre à l'association.*

b) *Situation de l'association, activité depuis le dernier Congrès, projets, desiderata.*

*Le questionnaire suivant est destiné à faciliter la préparation de ce rapport. Pour la documentation relative aux diverses questions, consulter les publications de l'Union des Associations Internationales.*

*Prière aux Associations de répondre en se référant, s'il y a lieu, à leurs communications antérieures à l'Union.*

## A. — Conclusions sur les questions portées au programme du Congrès.

1. — Quels sont les grands travaux et les grands services internationaux déjà organisés dans le domaine qui intéresse l'association? Quelles devraient y être les tâches du moment présent et de l'avenir? Quels sont les faits essentiels survenus depuis la guerre et ayant amené des modifications importantes à la situation antérieure.

2. — Quels sont les desiderata essentiels en ce qui concerne la Société des Nations? Sur quels principes et de quelle manière est-il désirable de la voir se développer? En particulier, de quelle manière y aurait-il lieu d'envisager la constitution des Unions administratives internationales et des Bureaux internationaux officiels? (Art 24 et 25 du Pacte de la Société des Nations.)

3. — Comment faut-il concevoir le but et l'organisation d'un Centre international? Quelles institutions devraient le constituer? Ce Centre devrait-il se développer en Cité internationale, siège des grandes Associations Internationales?

4. — En ce qui concerne l'Union des Associations Internationales et les diverses Associations Internationales :

*a)* Comment développer le programme et la constitution de l'Union?

*b)* Comment développer chacune des Associations Internationales. (Composition et organisation de ces associations.)

*c)* Comment établir des relations permanentes entre les divers groupes de connaissances et les diverses branches d'activité?

*d)* Comment développer la collaboration scientifique et les méthodes de travail intellectuel?

*e)* Comment établir et développer des systèmes généraux pour les sciences et l'action (unité et standardisation, langage et expression, législation et réglementation, documentation)?

## B. — Situation de l'Association.

1. — *Son activité.*

Quelle a été l'activité principale de l'Association immédiatement avant la guerre? (Bref historique des faits principaux qui la concernent. Enumération des publications faites par elle.)

2. — *Son programme.*

Quel devrait être, eu égard aux circonstances nouvelles, le programme de l'Association? Qu'a-t-elle réalisé de ce programme? Que lui reste-t-il à réaliser? (A confronter éventuellement avec le programme type proposé aux Associations Internationales tel qu'il est sorti des délibérations du Congrès mondial de 1913, *Actes*, p. XVII et CXI. Le tableau ci-contre facilitera la réponse.)

3. — *Ses rapports avec la Société des Nations.*

*a)* Qu'est-ce que l'Association peut apporter à la Société des Nations? (Celle-ci définie non seulement dans le sens du Pacte de Paris mais selon la conception d'une Société à la fois économique, intellectuelle et politique des Nations.)

*b)* Qu'est-ce que la Société des Nations peut apporter à l'Association? (Notamment par l'application des art. 24 et 25 du Pacte relatifs aux Associations Internationales et aux Bureaux Internationaux officiels.)

## Coopération de l'Association au plan d'une Organisation Internationale

**N. B.** — Prière de répondre par un simple trait tracé dans les colonnes de droite. Chaque trait indiquera qu'il est donné des renseignements dans le rapport.



| PARTIES DIVERSES DU PLAN | POSITION PRISE PAR L'ASSOCIATION | | | | OBSERVATIONS |
|---|---|---|---|---|---|
| | A<br>Réponse affirmative | B<br>Réponse négative | C<br>Participera à un plan commun | D<br>Est en rapport avec l'Union | |
| **1. Structure de l'Association en tant qu'organisme** | | | | | |
| 11. Assemblée (Congrès, Convention) | | | | | |
| 12. Conseil permanent (Comité exécutif) | | | | | |
| 13. Sections nationales ou régionales | | | | | |
| 14. Office central ou Institut | | | | | |
| 15. Commissions scientifiques ou techniques | | | | | |
| **2. Activité de l'Association** | | | | | |
| 21. *Recherches et études* | | | | | |
| 211. Programme commun | | | | | |
| 212. Répartition et centralisat. des travaux | | | | | |
| 213. Laboratoire central | | | | | |
| 214. Enquêtes internationales | | | | | |
| 22. *Réglementation de la matière* | | | | | |
| 221. Préparation de Conventions et Traités | | | | | |
| 222. Codification des usages | | | | | |
| 223. Contrats types | | | | | |
| 23. *Unification* | | | | | |
| 231. Système d'unités | | | | | |
| 232. Standardisation | | | | | |
| 233. Terminologie (nomenclature) | | | | | |
| 234. Notation, symboles | | | | | |
| 235. Classification | | | | | |
| 24. *Statistique* | | | | | |
| 25. *Enseignement* | | | | | |
| 26. *Subventions, prix, concours international* | | | | | |
| 27. *Publications* | | | | | |
| 271. Revue | | | | | |
| 272. Annuaire | | | | | |
| 273. Encyclopédie de la matière | | | | | |
| 274. Recueils généraux | | | | | |
| 275. Catalogues spéciaux. | | | | | |
| 276. Bibliographie (titres, résumés) | | | | | |
| 28. *Documentation* | | | | | |
| 281. Bibliothèques | | | | | |
| 282. Répertoires | | | | | |
| 283. Archives | | | | | |
| **3. Relations avec l'Union des Associations internationales** | | | | | |
| 31. *Adhésion à l'Union* | | | | | |
| 32. *Participation au Congrès mondial* | | | | | |
| En 1910 | | | | | |
| En 1913 | | | | | |
| En 1920 | | | | | |
| 33. *Participation au Centre international* | | | | | |
| 331. Au Musée International | | | | | |
| 332. A la Bibliothèque internationale | | | | | |
| 333. A l'Institut Intern. de Bibliographie | | | | | |
| **4. Relations avec divers** | | | | | |
| 41. Avec d'autres Associations internationales | | | | | |
| 42. Patronage des Gouvernements | | | | | |
| 43. Coopération avec la Société des Nations | | | | | |

# V. — Exposition de la Vie Internationale.

### Participation des Associations Internationales.

A l'occasion du Congrès Mondial des Associations internationales sera organisé une *Exposition de la Vie Internationale*.

Il s'agit de mettre en évidence les conditions nouvelles de la vie universelle, la solidarité des facteurs qui agissent sur elle, les institutions de toute nature qui sont nées du besoin de la protection et de la coopération au delà des frontières. L'œuvre des associations est considérable. L'Exposition sera ordonnée de manière à montrer comment la vie internationale forme le tissu même dont doit être constitué la Société des Nations, comment les associations chacune en leur domaine propre ont déjà organisé des départements entiers de cette vie, comment elles peuvent et doivent coopérer avec la Société des Nations pour faire de celle-ci une organisation non exclusivement politique, mais aussi économique et intellectuelle.

Appel est donc adressé à toutes les associations, les invitant à participer à l'Exposition. Celle-ci aura pour fonds les collections déjà rassemblées dans le Musée international et servira ultérieurement à l'enrichir d'une manière permanente. Elle sera installée dans un vaste édifice, l'aile sud-est du Palais du Cinquantenaire, à Bruxelles. Le Gouvernement belge vient de mettre ces bâtiments gracieusement à la disposition du Centre international. L'Union va y transférer ses services et collections ainsi que celui de plusieurs organismes internationaux de manière à les présenter dorénavant en un ensemble.

Les associations sont priées de se mettre immédiatement en rapport avec l'Union et de l'assurer de leur coopération. Il s'agit pour beaucoup d'entre elles de compléter et de renouveler en leurs parties surannées, les collections par lesquelles elles sont déjà représentées dans le Centre Mondial.

L'exposition de la vie internationale sera en grande partie graphique. Depuis quelques années des progrès considérables ont été faits partout pour présenter sous une forme intuitive, attrayante et hautement suggestive les données essentielles de certaines questions. Les expositions des sciences, de la statistique, de l'économie sociale, de la vie municipale, de l'enseignement; la manière de faire connaître les pays et les régions ont donné lieu à des procédés très intéressants. Il semble donc que l'on puisse maintenant faire appel à chaque association en lui demandant l'effort de présenter graphiquement les problèmes qui la préoccupent, l'organisation qu'elle s'est donnée, les méthodes qu'elle a arrêtées, les travaux qu'elle a accomplis.

Afin d'arriver à constituer, par tous ces envois particuliers, un ensemble vraiment représentatif de la vie internationale, le Musée International a arrêté les grandes lignes d'une méthode unitaire que l'on trouvera exposée dans une notice spéciale. Elle a pour but non seulement de réaliser cette unité mais de faciliter la comparaison des tableaux, leur reproduction et la constitution de grands atlas dont la diffusion pourra être facilement assurée.

# VI. — Code général des Vœux et Résolutions.

## Collaboration des Associations Internationales.

En vue du Congrès Mondial des Associations internationales l'Union prépare la publication d'un *Code général des vœux et résolutions* de toutes les Associations Internationales.

Il est demandé à chacune de celles-ci de collaborer à ce travail.

1º Par l'envoi du texte complet de ses vœux et résolutions, et cela pour toutes les sessions organisées par elle depuis l'origine.

2º A défaut d'un tel texte il est demandé une indication bibliographique complète faisant connaître où les vœux et résolutions ont été publiés.

3º Ce qui serait préférable serait l'envoi d'une codification de ces résolutions ;

4º S'il est impossible de satisfaire à cette dernière demande :

*a)* L'association serait-elle disposée à faire la dite codification dans un bref délai ?

*b)* Subsidiairement, voudrait-elle, sur un exemplaire du texte complet de ses vœux et résolutions, annoter au crayon ceux qui présentent à ses yeux une importance générale ou offrent un intérêt soit permanent, soit actuel ?

*c)* Voudrait-elle présenter en termes concis un résumé de toute son activité en mettant en lumière surtout ses grands principes directifs ?

Il n'est pas nécessaire d'insister sur l'intérêt qui s'attache à une codification générale des résolutions des Congrès internationaux. Un rapport circonstancié sur cette question a été présenté au Congrès mondial de 1913 (*Actes*, p. 569-615). Chaque association trouvera dans un tel code les avantages d'une très large diffusion de ses travaux et, à son tour, trouvera des suggestions dans l'exposé des travaux connexes aux siens réalisés par d'autres institutions. Le Code, véritable cahier des revendications communes à l'humanité toute entière, aidera à définir le programme de l'organisation internationale dont il est demandé au Congrès mondial d'arrêter les grandes lignes.

IMPRIMERIE OSCAR LAMBERTY
70, Rue Veydt, Bruxelles

23

www.ingramcontent.com/pod-product-compliance
Lightning Source LLC
Chambersburg PA
CBHW051209050726

47594CB00007B/3137